Manfred Peter Hein · Nördliche Landung

Manfred Peter Hein

Nördliche Landung
Bericht

Queich

© Queich Verlag Germersheim 2011
Imprint des SAXA Verlags
Umschlaggestaltung: Peter Schlack
Zeichnung von Manfred Peter Hein
(Helsinki Westhafen 1956)
Druck: Buchfabrik Halle – www.buchfabrik-halle.de
Printed in Germany
www.queich-verlag.de
ISBN 978-3-939207-02-3

Der Bericht *Nördliche Landung* schließt an die 1999 erschienene Erzählung *Fluchtfährte* an. Sein zeitlich fortführender Text wählt, den Blick Sequenzen zurückliegenden Geschehens offenhaltend, eine andere, der veränderten Lebenslage des Protagonisten P. entsprechende Erzählhaltung. Der Protagonist der sondierte Erinnerungen an das vergangene Jahrhundert versammelnden *Fluchtfährte* setzt, im Drehpunkt einer Zwischenphase ungesicherter Existenz, ans neue Ufer der Migration über, um sich schließlich als freier Schriftsteller zu behaupten.

1

Es sei ungünstig, von einem Schritt, wie er ihn vorhabe, eher abzuraten zur Zeit. Einer Meinung alle, bei denen er sich erkundigt: Fuß fassen lasse sich nicht so leicht! Die seewärtsblickende, landeinwärts seengefolgt herspiegelnde Metropole, jahrelang hat sie angelockt, um, ernstgenommen zuletzt, spröde sich zu sträuben, ohne Aussicht auf später offenere Arme, zur Sommerfrische an Fluß und See, erstmal aufs Land ihn zu dirigieren. Ende Juni die Landung, Ullas deutscher Onkel am Olympiakai – Gustav M., an die eigene Landung vor fünfundzwanzig Jahren erinnert vielleicht. Bei ihm, in der Winkelstraße im Kronhagener Hafenviertel, wird er übernachten, um da – was alles bebt nach woher er kommt? – nachts um sich schlagend am Kopfende seines Lagers die Mauerverkleidung schartig zu schlagen. Die Scharte so sehr nicht als leidigen Auftakt denn als triumphale Coda zu nehmen, schlägt der im Schandjahr, im Ermächtigungsjahr 33 deutsch gegen finnisch sein Lebensterrain austauschende GM vor – GM, wie verknappt verkappt er genannt werden möchte am besten. Als er anlandete, sei für kommende Schritte in jeder Richtung geschärfter Blick, Umsicht für Überraschungen von rechts wie links empfehlenswert gewesen. Sich dicktun, schmunzelt der Rundliche, wohl bekomms! nur sollte man wissen, vor wem. Nicht daß direkt er sich habe beschattet fühlen müssen. Aber Deutschfreundlichkeit, so verbreitet landesweit, so untermischt auch – wachsam für nationale Ehre, und nicht so ganz ohne gerichtet auch auf empor sich schwingenden Aar am anderen Ostseestrand, dem neustolzen Waffenbruder von einst. Besser angesichts dessen, einer erscheint wies niemand erwarten muß unter Leuten, die erst zu erkunden sind, eh man sich ihnen erklärt: Die Sorte Zeitgenosse sei man, der und der, und kein Teutone, kein Ludendorff-Hugenberg-Hitlertyp. Zu weit nach Rot tendierende Gesinnung habe einer wie er lieber für sich behalten –, wie in deutschen Kreisen hier anzuraten bis heute noch. Nach dem Nutzen brauchte man freilich nicht zu gehn. Alles was deutsch war, sei 44 für anderthalb Jahre ins Internierungslager gewandert, und an Entschädigung auch wohl weiterhin nicht zu denken, angefangen mit dem, was im an Rußland verlorenen Viipuri geblieben. Viipuri/Wiborg auf der Karelischen Landenge, wo er mit Frau und Sohn bis zum Dezember 39 gelebt habe, trauere er nach, aber Kronhagener jetzt, Kronhagener und nichts anderes sei er –. Und so ist er zu sehen. Schon mal ausgebombt auch, beinah von den Trümmern erschlagen im selben Zimmer hier, wo bei Fliegeralarm er gewöhnlich an seiner Schreibmaschine, bei seiner Übersetzungsarbeit fürs Innenministerium geblieben, dies schicksalhafte eine Mal nur den anderen, Frau, Sohn und Großeltern, in den Keller gefolgt sei –. Die Scharte in dem augenscheinlich für länger gedachten provisorischen Verputz aufgefrischte Erinnerung an glückliche Rettung ... Herabgerieselt, auf die Schaufel gekehrter Mörtel, drückend unterm Fingernagel vom drin Herumrühren aus Verlegenheit um die Antwort, die keiner erwartet –, auf Fragen, die keiner stellen wird, selbst im Traum bei dessen Wiederkehr nicht. Welcher zum Schlag, dem Gegenschlag hat ausholen lassen gegen wen, gegen was –? Nach den im verlorenen deutschen Osten vierzehn ersten die folgenden dreizehn Jahre im Westen, das rechnet reiht zur Quittung sich, aber unverlangt, geschweige denn gegengezeichnet. So daß, großmütterlich-mütterlicher Linie folgend zum Beispiel, er sich jetzt, soweit zulässig, hier als P. Padefski oder einfach PP neu eingeführt vorstellen könnte in dieser – seit drei Vorjahren vertraut fremden Metropole Helsinki. Mimikry ohne etwas zu leugnen, sich fremder Fremdling auf fremdem Terrain: Namenswechsel als Denkmodell. Es wird anders gehn mit den Jahren unter noch knapperem Kürzel P für Petteri. Was bietet sich an, nachdem verworfen, was auf ein abgeschlossenes Philologie- und Geschichtsstudium hätte folgen sollen: der höhere Schuldienst im Westen –? Auch die letzte Wurfleine, die in Aussicht gestellte Promotion in Göttingen, ganze zwölf Tage nach seiner Abreise dort gekappt mit dem Tod des Doktorvaters Julius von Farkas. Das verwaiste Finnisch-ugrische Seminar sah die Verbindung noch, ließ mit der Todesnachricht ihn wissen, man rechne weiter mit seiner Arbeit. Sie durfte auf sich beruhen bleiben. Erledigte, erübrigte sich mit wachsender Einsicht in ihr verhängnisvolles, verhängnisvoll falsch verstandenes Thema, dessen Umformulierung nach ernsthafter Materialüberprüfung unvermeidlich – und zum Dilemma geworden wäre ... Ich seh ihn in der zum Göttinger Bahnhof weisenden, über die Leinekanalbrücke in die Goetheallee auslaufenden Prinzenstraße, mit negativem Bescheid von akademisch sondierender Reise nach München ins freundlich befürwortende Seminar zurückgekehrt, im Arbeitszimmer des Ordinarius stehend und sitzend, sehenden Auges konfrontiert mit dem an der Hinterwand zum übermächtig ausladenden Schreibtisch auffällig klein, dafür umso intimer wirkenden Halbprofil, dem mit persönlicher Widmung versehenen Photo des während Deutschlands fatal triumphalen Jahren, wie unbezweifelbar hierorts weiterhin hochgeschätzten finnischen Goetheforschers, Dichters und Vizepräsidenten der Europäischen Schriftstellervereinigung in Weimar von Dr. Joseph Goebbels' Gnaden, V. A. Koskenniemi. – Das vom Doktorvater vorgeschlagene Thema: Koskenniemi und Goethe. Fennistik, die linkerhand betriebene Zugabe zum Hauptstudium, Synonym für Ausweichmanöver: dreimalige Fluchtbewegung Richtung Suomi Finland, jetzt schien sie die Schlinge auslegen, ihn unter Dach und Fach ziehen zu wollen. Aber die Frage war nur, wie sich ihrer bedienen, sie nutzen – für selbstgewählte Tätigkeit. – Übersetzen ...? Und moderne Lyrik ...? Im Ernst –? Nein! neinnein, abraten nicht, keinesfalls, aber ... Der Eindruck, er erlaube sich etwas, ohne es sich erst angedient zu haben, schlägt zurück. Am Ende oder, wie einer es nimmt –, am Anfang der Alexanderstraße das Denkmal der drei Schmiede gemeinsamen Glücks, dran vorbei rechts aus der Akademischen, links aus der Finnischen Buchhandlung, hin und her sein Weg um Rat bei alteingesessen dort beschäftigten Emigranten, nicht der einzige aber lehrreichste Holzweg zur Arbeitsbeschaffung während der Tage nach seiner Landung. GM macht Mut: Ist Sommer, bei hellen Nächten nicht richtig die Zeit zum Arbeiten. – Private Konversationsstunden zumindest können Sie geben danach, wenn nicht direkt Sprachunterricht wie ich. In fünfzehn oder siebzehn Sprachen privater Sprachunterricht sein Beruf. – Werd mir Mühe geben, GM, vielleicht sogar Finnisch lernen, mit Lehrmethode Rosenqvist auf Kriegsfuß erstmal durch Übersetzen. Jemand wird mir beisitzen. Ulla, denk ich.

Im Rundgang um die Fabrik durch den Flecken am Kymi, die Ansammlung spärlich ins Flußtal verteilter, hier und da auf Granithügeln halb hinter Kiefern versteckter Werksiedlungshäuser flach gebaut aus Holz, vereinzelt, Gemeindezwecken dienend, höher gestockt aus Stein. Kein Mensch, kein Hund unterwegs im Mitternachtsdämmer, Weg anwachsender Leere, zerdehnter Öde, Anfall von Ausweglosigkeit beim zweiten Mal über den Schienen der Zubringerbahn, am Ölberg entlang der Werkeinzäunung, auf endloser Brücke flußüber, vorm Bau der Behörde zwischen Pfarrei und Kirche, gedämpft auf der kleinen, der Stromschnellenbrücke am Flußknie – am Fuß von Mustavuori. Mustavuori (Schwarzer Fels) mit dem Hof der Siedlungshäuser, der Wohnung von Ullas Eltern in einem der Flügel. – Schwarzer Fels, schwarz, warum SCHWARZ? Sei es, daß mehr als nur äußere und lang verlorene Merkmale des alles andre als schwarzen Granithügels mit dessen Namen ins Auge gefaßt worden sind, die Schwarzseher müssen nicht recht behalten. Zwei Runden – drei Stunden ist er durchs mittsommernächtliche Ortsgelände getigert. Bemerkt von niemand, weder beim Gehen noch beim Kommen. Den Eltern klarmachen, was mit der Zukunft sein, was werden soll, ist schwierig wenn nicht unmöglich. Und gehemmt überdies, weil gedolmetscht nur. – Schriftsteller sein, Schriftsteller ... wie *das*? Möglich, sie haben vorderhand einen andren im Auge, einen der ortsansässig, einen Bekannten, dessen Zukunft, erfüllt und besiegelt, kaum mehr beeindrucken kann ... Die Heirat im Herbst war beschlossene

Sache, die behördliche Prozedur vor einer Woche im Pfarramt eingeleitet, das Gesuch ums standesamtliche Zeugnis der Ehefähigkeit ins Waldecksche Heimatdorf Böhne unterwegs. Legalisierung der nächste Programmpunkt, ihr folgend Arbeitserlaubnis, mit einstweiligem Steuererlaß. Kein Grund zur elterlichen Besorgnis; sie war nur hinzunehmen. Ulla zur Seite mit finnischer Lyrik der Jahrgänge seiner Generation beschäftigt, hinein sich stotternd, Metrum Rhythmus Klang ertastend, läßt er was übersetzenswert scheint sich übersetzen, mit deutschem Zungenschlag-Holüber in eigne Rede es überführend. Sein Metier, so entdeckt –. Auf Probe, auf Zeit, Zeit der Einübung zum Ende des Jahrzehnts – hiesigen Nachkriegsjahrzehnts präsent in Versen. Versfüße auf wellenringquerende Wasserläuferfährte gebracht. Für Gedichtbandnachschub war zu sorgen auf Stippvisite in Helsinki, dabei Bestätigung einzuholen, daß alles andere weiterhin ohne Aussicht ... Er wich zu Rauno aus, dem Freund des ersten Finnlandjahrs 52. Der geheiratet hat, die *Zukunft der Landgegend*-Redakteurin Aila aus Lappeenranta; sich etabliert, im Zeitungsausschnittarchiv der Universitätsbibliothek Helsinki, ihrer Außenstelle, eine Anstellung gefunden hat, mit Dreizimmer-Reihenhauswohnung am Gutspark dort überm See. Aber die Ehe geht in die Binsen: vor paar Monaten geschlossen, und Jahre her, wie Rauno sinniert. Das Nest leer, als sie ankommen. – Nicht jetzt erst, schon länger. Deswegen die Schwierigkeit, ihn zu erreichen. Über die Eltern in Kaukas, woher das Telegramm endlich: Treffpunkt Montag mittag Kouvola Busstation. Schneller als erwartet zuletzt der Wechsel. Ulla wird nachkommen, für zwei drei Tage. Vom Besuch vor einem Monat beim jungen Glück vertraut auch ihr die Stelle. Mit andrem Repertoire jetzt. Damals die Entdeckung einer wirklich, ja –, real erstandenen Traumwelt. Auf Nebenpfaden der Aufstieg zum seehin geöffnet weißen Kehlhölzer-Säulenhalbrund, bergab auf in fliehender Linie sich weiter der Lichtung zum seitab auf halbem Weg gelegenen Grabmal des Gutsherrngeschlechts und den weißen, zu Gutshaus Klete und Stallung führenden Parkbrücken über dem Zufluß, an dessen Mündung die SommerAttraktion des Gutsbezirks, der künstliche Schwan, vor Anker lag. Am Steilhang, Gästehaus und Speicher in einem, die Klete, der die Ahnfrau, die Wiedergängerin treugeblieben, wie Aila, mit japanischem Dreizeiler als Krönung, erzählte. – In Mittsommerwindstille / Nebelbrautschleier / umwehend künstlichen Schwan. Beschwornes Tableau, das Schritt wie Schritt, ob im Haus, zum Konsum oder Kirchdorf weiter weg, beschwört verhext – sich hängt über jegliche noch zu treffende Vorkehrung jetzt. Vorkehrungen für Ailas – reuige? – Rückkehr und Ullas Besuch. Aber mittendrin, ohne Ankündigung und in Hast, wie der kurzgefaßte Zettel Bin nach L. vermuten ließ –, war Rauno verschwunden. Blieb über Nacht und den Tag drauf weg. Fand erst, nachdem Ulla seit Stunden schon da war, sich wieder ein. – Seid fleißig am Dichten schon, man siehts ... Mein Gott! Nicht loszueisen von unsern Dichtern der Nachdichter – solang er hier ist, halbe Tage im Lesesaal ... Wie ihr, Ulla, erklären was im Spiel war hier? Ailas Sachen ins kleine Zimmer geschafft, aber sie kam, war am nächsten Tag da um zu bleiben. Was erst in Frage stand, dann wieder nicht, um schließlich ... Unterdessen von eigner Hand eingebuchtet, ließ Rauno sich hofher durchs Fenster verpflegen. Die Klärung nicht in Sicht. Obwohl alles an seinem Platz wieder, wie vergessen von neulich die Meldung: Zwei Wochen, und die Spedition fährt vor –. Die Wohnungseinrichtung aus ihrem, dem ihrer Eltern, ausnahmslos Ailas Besitz. Unangetastet allerdings, von langer Hand versandfertig, Requisit zum drüber Stolpern –, ihre Bücherkiste hielt sich, auch über das Ende des freiwilligen Stubenarrests und die Versöhnung zum Abendbrot hinaus –, auf der Bühne in Position, in unvorhersehbar wie lang noch stellvertretend drohender Gebärde. Läßt was war: der Versuch, den Sommermonaten auf die Spur zu kommen, so sich bebrüten –? Bald besagt die Kiste nichts weiteres mehr, als daß sie die Bücher der Mühe enthob, aufs Regal zurückgeräumt zu werden. Zum Tagesablauf im kimonoärmeligen, den Tag über nicht von der Bühne lassenden roten Morgenrock passend. Zuletzt kehrt auch Ailas wuselnder Bettvorleger, Pudelchen Betty aus dem Elternhaus ins Sommeridyll zurück. Aber Rauno, hinter vorgehaltener Hand treubleibend sich und seiner Rede, stößt, als Folge der Lebenslüge, der er sich zeiht, an allen vier Wänden nur auf die ... Rattenfalle Rattenfalle Rattenfalle Rattenfalle. Zum Wochenende, Monatsende, Ende des Sommers tauchte er ohne Vorwarnung wieder – zum wievielten Mal – nach L. ab, kam ausgepowert zurück, begleitet von einem der Saufgelagebrüder zum Auspennen, der Tags drauf die Bühne besetzte, bewegungslos aufrecht dösende Mumie, bis in den Nachmittag neben der Kiste saß. Sich steifbeinig widerstrebend zum Taxi bringen ließ, das Rauno zur Gutsabzweigung holen ging im Dorf. Er war aufgewacht: Ich auch *deutsch* ... Vater deutsch. Im Krieg ich in Warschau ... Ghetto, Wachsoldat ... Du deutsch, du jung. Ich fünfzig ... Du nix verstehen, Freund ja, du nix! Du P--Petteri? Er läßt P. vorausgehn, der falsch abbiegt, zur Abbiegung zurückkommt und niemand mehr findet am Weg – wartet, bis ein Taxi hält, nicht das bestellte, aus der Gegenrichtung eins ... Abschied ohne Abschied. Er könne bleiben den September über, sie könne auch Geld leihen, hatte Aila angeboten. Doch dann sich beschwert, ihn abgekanzelt zur Wühlmaus. Zwar, brieflich sogar, sich wieder entschuldigt, aber der Makel klebte wie angehext. Er war Partei, keine Frage, Maulwurf Blindmaus, anders nicht zu sehn. Besorgt um den Freund allein. – Typisch. Ja, Rauno war ihm durch die Lappen gegangen mit seinem halbdeutschen Saufkumpan, ihn sich selbst und der eignen Findigkeit überlassend für die Rückfahrt nach K., dem Fabrikflecken am Kymi, war zu seiner Kneipe in L. zurückgekehrt. Den Tag drauf – Arbeitstag wieder – rief P. in der Bibliothek an, aber Stunden nach der gesetzten Arbeitsfrist erst abends spät meldet Rauno sich aus seinem SCHLACHTVIEHSTALLARCHIV, wie zur Bezeichnung des Baus in Erinnerung an dessen Herrenhofvergangenheit gangundgäbe unter ihnen. Er sei – am Ende, bricht aus der Muschel es; mache Schluß; verabschiede sich für immer. Die Antwort gebrochnes Hörst du ... Hörst du ... Hörst du ... zu gebrochnem Wart ... ich komm ... Der Hausmeister, den P. um Hilfe anrufen ließ, war zu überzeugen, daß Not am Mann, kam in Begleitung des Arbeitskollegen am Busbahnhof in L. ihn mit dem Taxi abholen. Wohnung und Archiv ohne Licht, und die Logik ließ nichts andres zu, daß wenn ..., Rauno, woher er angerufen, im Archiv zu suchen sein müsse. Der Arbeitsplatz, mit augenfällig überdimensionaler Schere als einzigem Utensil auf der Tischplatte –, leer wie der seitlich sich öffnende Raum der Blechregale auf Rollen. Der Freund mußte aufgegeben, vom angedrohten Versuch abgelassen, sich ins Gehäus zurückbegeben haben ... Den Rest der Nacht im Gästezimmer der Bibliothek verbringen, ins Fensterdunkel starrend, abgeschnitten auf Treppen und Gängen den ängstlich durchs Treppenhaus gekommenen Weg zu erinnern versuchen. Stoff genug, fürs erste der eignen Lage sich zu vergewissern. Was mit Rauno war, würde der Morgen entschleiern. Sollte er hinter den Wohnungsfenstern gegenüber liegen, wäre das Weitere entschieden: das Weite zu suchen mit ihm, aus der RATTENFALLE er zu holen. Aufs zweite Klopfen öffnete Aila. Rauno schlief im Hinterzimmer, ließ sich aufheben, als wollte er sich wegtragen lassen. Der Abschied war wortlos. Nur Betty hing sich an, rannte bellend hinterher, mußte mit Salven Kies zurückgescheucht werden. Aber war zu befürchten, daß sie von Aila zurückgeholt würde und mit ihr der Freund? So oder so von Angst diktiert unberechenbare Flucht –, deren Route und Zeitplan, berechnet auf hakenschlagenden Spurenschwund, zusichkommend abends erst bei den Eltern in Kaukas. Herbst, vor sechs Jahren hier hatte er Rauno kennengelernt. Damals wie sein Vater bei Zellulose Kaukas auf Maloche, halbjahrlanghin zigeunernder Werkstudent bis in den Winter. Vagant noch immer, wenn jetzt auch eingeschworen auf Suche nach Bleibe, sich haltenden Brückenschlag. Der Bibliothekslesesaal im kaukasnahen Flecken Lauritsala war offen für ihn auch zwischen den Öffnungszeiten; Jorma Etto, der Bibliothekar, auf sein Lyrik-, sein Anthologievorhaben angesprungen, zu Rat und Hilfe bereit. Mit dem Essay zu seiner Sammlung finnischer Gegenwartsdichter, verhieß er, sei der Parnaß zu be-

steigen in gleichnamiger Zeitschrift der Metropole. Zukunfts-
akkord –. Aber real, wie sich zeigen sollte ... Für Raunos Fall
gabs Aufschub, aus Helsinki für ihn das Angebot, die Zeit, bis
die Trennung mit Aila vollzogen, die Wohnung geräumt, die
Einrichtung ersetzt sei, ein paar Wochen lang in der Hauptbi-
bliothek auszuhelfen. Sie werden gemeinsam nach Helsinki
reisen, auf dem Umweg über den Herrensitz am See zum Abholen der nötigsten Utensilien und Klamotten; gemeinsam in
Helsinki ein Zimmer mieten für die Übergangszeit, auch gemeinsam arbeiten vielleicht: P. hatte ein halbes Angebot aus
der Unibibliothek. Die Metropole hielt anderes bereit. Grippe,
Fieber: Ablösung von allem, was zur Einmischung und / oder
beschwornen Wühlarbeit ihn getrieben. Als wieder er auf den
Beinen, kam Rauno, um sich von Helsinki zu verabschieden,
zu Frau und lang schon sich regendem Kind zurückzukehren,
wenn auch nicht an die Bucht zum Künstlichen Schwan ins
Archiv der überdimensionalen, seiner Selbstmordschere.

Ich frag mich, frag ihn, P. oder PP, den bei aller Berechnung
womöglich im Ernst mit der eignen Herkunft Hadernden:
Wie lief der Weg? Unter wessen, welch Geistes bedeckter
Kontrolle? Sich orientieren, im Gleichklang zu dem was ihn
begleitet, im Rückblick auf das was ihn fortgetrieben, wie auf
die Zunge es nehmen. Woraufhin? Auf dunklem Schirm fort-
laufende Fernsehserie – auf Hekates Nachtmahrseite vari-
ierte Traumsequenz. Aufbruch unterwegs: Kleider verknäuelt
Schuhe vertauscht. Warten an unbeschilderter Haltestelle in
falscher Richtung, und den Treffpunkt verfehlt. Zur Wegab-
kürzung durch Häuser über Zäune, quer durch Mülldeponien.
Abseits des Hafenschienenstrangs eingetaucht in nicht mehr
zu ortendes Stadtviertel – zeitverschollenes Inselquartier.
Wo ... wohin? Zwischen zwei Türmen, Zeigefinger Zuckerfa-
brikschlot rechter-, Olympiastadionwarte abgerückt linkerhand, aufs verschilfte Stück Meerbucht der Fensterblick die
Tage im Grippefieber an Ullas Schreibtisch. Ihre Wirtin hatte
erlaubt, ihn einzuquartieren. Ulla schlüpfte derweil bei Ver-
wandten, der Familie ihres Vetters, zur Nacht unter, Unter-

schlupf später ebenso für ihn, eh er wieder in Kronhagen bei GM, wo die Mauerverkleidung noch klaffte, in der Winkelstraße landete ... Was GM am Anfang empfohlen, Konversationsstunden privat als ersten Einkommensschritt, zahlte sich aus. Lehraufträge für Hochschulsprachkurse stückelten sich an. Provisorisch alles, was sich ergab. – Provisorium alterprobt, wie GM hätte sagen können. Oder: so normal wie seit unserm Auszug –, womit beides, eins folgend aus dem andern, Wiborg 39 wie Hannover und Schmalkalden 33 erinnert wäre. Nur, wie zu verstehn, in Anbetracht dessen was vorher war, und was wär zu erwarten nach allem –? Kurt Schwitters, dem GM sein Französisch aufpoliert, dessen MERZ-Blätter er gelesen, dem Unterschied zwischen Hannover und ANNA BLUME auf der Spur – Hannover rückwärts re(Rückwärts) von nah, wie umgepolt Vorwärts nach weit, Anna Blume hingegen von hinten wie von vorne A-N-N-A; und gefragt und geantwortet unerwartet: – – – – – wir? / Das gehört beiläufig in die kalte Glut! – Schwitters, zur Befreiung von jeder Fessel mit Anna Blume Welten lebend, in Liebe zu blühend weltumwälzendem UnSinn am MERZ-Bau schaffend in Hannover wie noch einmal von Grund auf neu auf der Flucht vor der braunen Seuche in Norwegen und England zuletzt, was könnte er, lebte er noch, sagen zusammen mit GM, dessen Hausbibliotheken, zusammengetragen zu weltweiter Sprachentwirrung, in Schmalkaden und Wiborg zurückgeblieben? In beider Weltprovisorium steckt Zukunft, ansteckender Glaube – namentlich entfacht: Anna Blume begegnet Mao! Bis zuletzt hält GM daran fest, über kurz oder lang vollende in China sich die soziale Revolution, wie Schwitters, obzwar für unabschätzbare Zukunft noch, im Gegensätze entgiftenden MERZ-Gedanken das Weltganze sich zum gewaltigen Kunstwerk umgestalten sah. Sie waren die Väter, andere als der eigene, der ihn werweiß aus angestammtem Terrain getrieben. Was kein Thema sein konnte, vor niemand, wie auch kaum hinter eignem Visier ... Dreißig, damit sollte es genug sein, oder besser: unvorstellbar, daß es darüber hinausginge. Galt das noch, wie sensend, tröstlich einschmeichelnd zugleich, während der mittleren Jahre des Studiums? Wenn, dann eher so, als hätte er sich überlisten lassen, für das noch verbleibende Kleeblatt an Jahren die Frist zu vergessen. Er wagte sich hervor, nahm sich etwas heraus, was wie Abstreifen, Abwurf sich fühlen ließ bis in die Knochen. Worauf hatte er sich eingelassen mit seinem Studium, dessen erklärtes Ziel, wie er bald und womöglich von Anfang an gewußt, nicht sein eigenes sein konnte? Trotz Abbruch der Lehramtslinie und Ausscheren werweißwohin, verfolgte es ihn. Der sich zu Wort meldende Übersetzer konnte dem nicht leicht die Stirn bieten, geschweige der Schriftsteller oder gar Dichter, obwohl hierzulande unverstellt geachteter als in seiner Sprache. Die Prognose, nachträglich aus der Hand gelesen in einem Prager Kellertheater –: Auf unbestimmte Jahre gestundete Existenz Wucher treibend mit vergrabenen Pfunden. Stundenlehrer statt Studienrat – oder Zeit verstreichen lassen, bis eine Revision unmöglich. Er hatte zu tun ... Nur langsam haftet die fremde Sprache, tut sich schwer mit ihm, dem um Poesie Bemühten, der sich ins Stammbuch notiert: Übersetzen zielt auf Auslöschen des Originals. Es konnte nur eine Sprache geben. Die eigne, auf Zerreißprobe. Mit aus der Gegen- wie der eigenen Richtung kommenden Aufsätzen – *Gesetz der Schimäre* und *Von Trakl bis Celan* –, die Ulla für ihn übersetzt, nimmt er, am Boulevard 5, den Lift hinauf zum finnischen Parnaß. Im November hatten sie geheiratet. Ulla hatte die letzten Prüfungen hinter sich. War auf Stellensuche im Lehrfach. Beide unterrichten sie hier und dort, auch mal an gleicher Stelle, der Volkshochschule im Vorort Tikkurila. Haben nichts Festes. – SichEinRichten ... neu, altneu zu hörendes Wort. Von Untermiete zu Miete mit Sperrmüllmobiliar in Wohnsilotürmen über lichtschneisengescheiteltem Nordhagener Wald mehr als vertrauter Beginn: Flüchtlinge beide, vertrieben aus Ostkarelien sie, wie er aus Ostpreußen. Erlangtes Selbstvertrauen somnambulisch auffahrend nachts. Sie: Was ist? Er, die Arme abwehrstrack erhoben: Magie! Magie! Ich mache Magie! Beschwörung eines Phantoms mit Namen ..., bewacht von zähnefletschender

Promenadenmischung hinter der Mietzimmertür – Fehlanzeige im Traumprotokoll: Unland.

Die Sommermonate, die leere Zeit wieder hierzulande, wie er sich sagen mußte, nach erster ununterbrochener Jahresrunde. Wie im Vorjahr in Pori hatte Ulla diesjährig im kaum weniger ländlichen Salo den Mittsommerkurs für Oberschulnachprüflinge in Deutsch übernommen. Auf ihn wartete Ähnliches in Salzburg, zwei Juliwochen Deutsch für Finnen. Salo, flach sich breitend hinterm Fluß am Kirchhofshügel, mit zwei Lichtspielhäusern immerhin, KINO KIVA (TOLL) und KINO JÄNNÄ (SPANNEND), vor sich hindösender Westernschauplatz in Erwartung von Dreharbeiten zu eignem High Noon oder Johnny Guitar. Zwei Kinos links und rechts der Straße mit lästerlicher Aussicht auf Premiere. In Bad Wildungen, der Schulstadt seiner Fahrschülerzeit, hatte es nur das eine gegeben – KINO CAPITOL, dem der Nachmittagsspruch anhing: Wohin gehst du / Ins Kino / Was wird gegeben / Quo vadis / Was heißt das / Wohin gehst du –. Sie frequentierten weder Kino Toll noch Kino Spannend, schlenderten abends am Fluß oder über die Brücke den Hügel zum Friedhofspark hinauf. – Die Höhepunkte zu steigern, kommen landeseigne Kinohelden vor ihren Repliken starrgebannt zum Stehen seit immer und ewig, erinnert sich Ulla nach einem Besuch im Kino Toll, der als Vorgeschmack auf imaginierte Western hätte dienen sollen, aber zu weit davon entfernt sich hält, um die Spur dahin legen zu können. Abgesunken am Kirchhofshügel, wie der damalige Ort selber mit seinen gelben, den zwiebelhäutigen Mittsommernachthimmeln über dem Fluß ... Finnland –, die sprichwörtlich weißen Nächte, die sich ins Blut legen, über die Schlafgrenze einsickern, das Jahr durch an sich erinnern. Die Tage entgrenzt, um die Schummerstunde, das traulich vertraute Dunkelwerden gebracht – Dämmerung um Mitternacht übergehend in Morgendämmer. An welcher Grenzscheide nordwärts ist Dämmerung, wie er von klein auf sie kennt, und warum, bei jeder Jahreszeit unübersetzbar passé? *Hämärä*, kurzlautend gleichlautend fast, ist nicht

Dämmerung, liegt anders im Blut –. Einfallendes Dunkel: Erinnerung wie zu besinnlicher Schummerstunde es sich in der Stube eingenistet andernorts, mit den Abenden hier unterwegs von Nord nach Süd. Südliches Nördliches überlagernd, Nördliches Südliches austreibend, Widerstreit, ablesbar Nacht auf Nacht hinterm Augenlid. Und *Salo*? Das Finnischdeutsche Wörterbuch echot zutreffend *Ödwald*! Der an sich erinnert am Ortsrand, nachts durch die Luchtdielen schlägt am Terhi-, am Scharrkrautweg ... Ein gewöhnlich graubeiges Holzhaus, in dessen Obergeschoß sie sich eingemietet haben. Der Waldstreifen am Horizont liegt weit, vom Tageslicht überschwemmt. P. ist tags-, die Woche über allein. Ulla kommt gegen Abend, mittags nur zum Essen. Er spielt Kochrezepte durch, eigene, mit Zutaten vom Gemüsemarkt – Erfüllung eines Kindertraums. Liest Jacob Burckhardts *Cicerone* zu anderen italienischen Reiseführern. Übersetzt und schreibt Eigenes, rezensiert Paul Celans *Sprachgitter* für die duz, Deutsche Universitätszeitung, Verlagsort Göttingen – erste Station ihrer Reise in den Süden ... Ein Jahr vergangen seit er gelandet, der Blick von Küste zu Küste zurück verändert. Die Briefe an die Eltern zeigens – wohl auch den Eltern selbst. Er kehrt von keinem Ausflug zurück, die Richtung der Vorjahre hat sich umgekehrt. Besuch die Reise wie vormals die Finnlandreisen vom Waldwinkel Böhne, oder von München und Göttingen her. Die Eltern, führen sie sich vor Augen, daß er ihre Erwartungen schon enttäuscht? Sie schlucken an etwas, woran er nicht mehr zu schlucken, dem querpfeifend er sich entzogen hat. Die Rückversicherung kraft Staatsexamen für den ihm im Niedersächsischen auf Jahre sicheren Lehramtsweg ist unverbrüchlich in den Wind geschrieben, verweht am Weg ins Offene, welcher dem Vater in Phantasien des Scheiterns, Warnmalen abgelichteter Eigenerfahrungen sich offenbart.

Deutschland vom Belt bis an die Weißwurstlinie ist Durchgangsland, Bayern wie Österreich schon Ausland. Das macht die Sprache – – man muß mit oderneißeöstlich geneigten Ohren nur ihn hören, was bei Gott nicht jedem gegeben. Zumal er drauf eingespielt und versessen, norddeutsche Intonation Tongebung Klangfarbe von sich zu weisen und südlicher, dabei österreichischer vor bayerischer Sprachmelodie zu frönen. Kein waschechter Landsmann aber, dem sein nordöstlicher Einschlag sich nicht verriete –. Die Eltern erwarten ihn, ihren Erstling der ging, fort ist ohne auch nur einen Blick zurück. P. mit Ulla, der finnischen Frau. Aber sie werden sich erst in Salzburg wiedersehn ... Salzburg, woher sie ausgezogen, die in pestilenzentvölkerte Wildnis, ins östliche Hinterland der preußischen Krönungsstadt Königsberg gerufnen Exulanten, deren Nachkommen am überlangen zweiten Zeh bis heute als Salzburger sich erkennen, wie die Mutter und er – Salzburg war das Jerusalem, das wohlverstanden protestantische Jerusalem des Großvaters. Ins Salzburgische wollte er einmal noch vor dem Tod, wie die Mutter erzählt. Und die Zeit, die Jahre, zweihundert seit dem Exodus, fallen an Vers und böhmischer Weise von Josef Schaitbergers Salzburger Auswandererlied in sich zusammen. – I bin ein armer Exulant / A so thu i mi schreiba / Ma thuet mi aus dem Vatterland / Um Gottes Wort vertreiba ... Die Eltern in Böhne mußten vertröstet werden, erst für die Rückreise konnte Böhne infrage kommen. Göttingen und München schoben sich davor. Salzburg irrlichterte dazwischen. Irrlichterte wie es noch immer geirrlichtert hatte, jetzt aber dazu angetan, Vertreibung an Vertreibung erinnern zu lassen insgeheim. Riskant, die Sprache drauf zu bringen –. Im zweiten Fall, wie fällt der Schatten, auf wessen, auf des andern, kaukasischen, oder einen, einzigen Fürsten Haupt der Finsternis, dem zwölfjahrlang sie Gefolgschaft geleistet? – Makabres Führer befiehl Wir folgen dir! Rühr nicht dran Nicht dran rührn, Sohnchen! Sie kommen mit ihrem Käfer auf eignen vier Rädern, und alles ist schön, schön und gut. Salzburg, endlich ... Es wird sich zeigen, wie zusammengeht – alles, was mit im Spiel. Die Tage drängen sich, wie nördlich zeitlos angestaut für den Flug, seinen ersten, nach Kopenhagen, der noch als Studentenflug zu deklarieren, doch so schon nicht mehr zu nehmen ist. – Einmal hoch im Nephelokokkygía logiern und, werweiß ob nicht zum Kuckuck wieder, aus allen Wolken sich fallen lassen, redet P. zur Landungsansage quer vor sich hin. – Und sähe wem ähnlich? erkundigt sich Ulla. Vater wie Sohn!? Gut, daß ihr Wolkenkuckucksheimer euch im neutralen Österreich trefft! Es blieb bei Salzburg, der Stadt; das Salzburger Land, woher die Ahnen, die Spießhöfers und Grubers ausgezogen waren, blieb abseits der Reiseroute, die weitab nach Wien führte. Wien zog magisch an, sie alle, wie selbstverständlich die Frage beantwortend, wohin für den Rest der gemeinsamen Zeit. Was zog und trieb den Vater? Er war einige Tage in Wien gewesen während des Krieges – aus welchem Anlaß? Wohl nicht allein, um dort auszuspannen, wie er meinte. P. hegte einen Verdacht, der sich schwerlich in Worte fassen läßt. Der Vater schwenkte in einen, dem flüchtigsten Blick auf die Wegekarte sich zu erkennen gebenden Umweg ein, ließ sich davon nicht abbringen, aber auch auf keine Erklärung ein, warum das. Es gab keinen auffälligen Halt auf dem Umweg, der unerklärten Umleitung, und man konnte die Frage vergessen. Auf dem Weg nach St. Florian begann der Schnürlregen, dem man hätte zuvorkommen können, aber ohnehin gings weniger ums Stift, als um das an Bruckner, den verehrten Stiftsorganisten sich knüpfende Fluidum und was damit sich verbindet im Romanversuch des Vaters, der die aus dem Warschauer Trümmerkeller von ihrem Deutschen während des nationalen Aufstands gerettete Polin, seine Tb-gezeichnete Protagonistin, am ihr zugedacht organisierten Flügel mit Chopin und Bruckners Klavierauszügen sich zutode spielen läßt. Der Regen dunkelte Kirche und Treppenhausfassade, lud nicht zum länger Bleiben ein … Wie auf Wien zu die Einfallstraßen zu nehmen sind, blieb strittig bis zuletzt – bis zum Ring, den der Vater eher zu ignorieren denn zu nutzen sich vorgenommen zu haben schien. P. hat ihm zwei längere Wienaufenthalte noch zu der Zeit alliierter Militärverwaltung voraus – als Gast bei Bili und Melitta Mautner in Stadlau. Dem hängt aufreizend Triumphfarbenes an. Stadlau hat zuwege gebracht, wozu Böhne nicht in der Lage gewesen – steht für den

21

Knick in P.s Krankheitskurve während des Studiums, aus der alle Indizien für ein dem Scheitern des Vaters vergleichbares Scheitern des Sohnes ablesbar schienen. Ein Besuch mit den Eltern in Stadlau wird erst garnicht in Erwägung gezogen. – Wir kommen allein ... Und dabei bleibt es während ihrer drei Tage in Wien. – Besser ohne uns ... Hauptsache, sie lernen Ulla kennen, deine Freunde ... Wir werden uns schon nicht langweilen allein – geht man zum Heurigen auch mit ihnen, ihr zwei, uns zieht es nicht so sehr nach Grinzing – gelt, Kati!? Er gab nicht preis, wohin überhaupt in Wien, seinem Wien, wo seinerzeit der zum Gauleiter aufgestiegene Baldur von Schirach das Zepter geführt, der dem Labiauer SchulmeisterJugendpfleger im Wechsel zur Gebietsjugendführung Ostland das Fanal des neuen Reiches gesetzt 33. Wieviel Bilder von damals schoben dem Vater sich ein? Österreich/Ostmark Ostpreußen/Ostland, belehrte die großdeutsche Reichsordnung. Was davon lebte auf? Und was lähmte? Er entzog sich, blieb angeblich gern allein auch ohne Kati, die sich von P. mit Ulla durch die Innenstadt führen ließ von der Stephanskirche zu Maria am Gestade. – Hab hier meine stillen Beobachtungen gemacht, einen Sportplatz gefunden ganz in der Nähe, erzählte er abends beim Wiedersehen im gemeinsamen Quartier Bayerischer Hof. Die Jahre zurückgerechnet, wuchs das Verstummen, erhob sich, kleidete das Erinnern – in Marmor: Ein Wort, das der Vater für sich, seine eigenen Gedichte gefunden, das ihm zu Gesicht stand vorm Spiegel. Wien 1943, besucht von Neustadt / Oberschlesien her, der Garnison für Genesendensport, deren Chef er gewesen, zwischen Krakau 42 und Warschau 44, den Einsätzen als Fortkommandant und Feldjägereikommandeur im Generalgouvernement Polen. Seine stillen Beobachtungen – welche, sagte er nicht; ob imaginär oder real – hatten im Marmor die Furchen zwischen den Augenbrauen geglättet, als hätte er mit etwas Ungreifbarem Frieden geschlossen für die verbleibende Zeit ihres Beisammenseins. Sie besuchten gemeinsam Schönbrunn, den Park bei schönstem Wetter.

Zur Erinnerung Orte, ausufernde Augenblicke. Salzburg, im Marionettentheater Mozarts *Entführung aus dem Serail* und die St. Sebastian Friedhofswege auf Georg Trakls Lebensspur. Zu Wien die St. Stephan Pestzeitkrypta und Flutenarche Maria am Gestade. Indes, uneingestanden, vielleicht zur Vergewisserung nur, daß der Wiederkehr sich verschließt, was vor wenigen Jahren für P. noch Fluchtpunkt und Zuflucht war. Sollte Wien wiederkehren, müßte hinzukommen, woran zu denken, worauf einzustellen er sich verwehrte. Wien zog in Einmaligkeit sich zurück, schloß Weiteres aus. Wie hatte der Vater gesagt, damals als P. ihm von seiner Simmeringer Nacht mit dem Prater-Jongleur Karl Schuster-Rastelli und dessen Lebensgeschichte, dem Wiener Romanprojekt damals, erzählte –, aus Angst, P. könne sich verlieren? Soziale Romantik das! Der Sohn neige zum Taugenichts –. Es konnte nicht ausbleiben: Wien hing sich auch Salzburg an. So verschieden das eine vom andern, beides Österreich, von dem Abschied zu nehmen war, als gälte es dem Salzburger Exodus in Preußische Wildnis ein letztes Siegel aufzuprägen ... Zwei Tage, noch nicht einmal ganz, aber sie genügten, um die Rückfahrt über Krems-Stein, Dürnstein und Grein durch die Wachau stromauf gespiegelt als Aufhebung der Spannungen wirken zu lassen, die aus im Grund schon verflogner Erwartung an unzugänglich Vergangenes sich nährten. P. verlangte dem Vater insgeheim nichts mehr ab, hatte seinen Frieden mit ihm gemacht, ihn ins Register der unveränderlich lebenden Toten eingetragen. Sich, wie er es verstand, grausam dazu überredet. Der Vater, wie er lebte, lebte seine undurchdringliche, sich selber zugedichtete Legende. Daran war nicht zu rütteln, weder in Haß noch in Liebe –. Es würden wieder Briefe folgen, denen nichts abzugewinnen war. Briefe mit vielen, doppelten dreifachen vierfachen fünffachen Ausrufungszeichen, mit denen die Schrift sich verändert, ihr Duktus außer Fassung gerät. – Sieh dir die Briefe doch morgens noch einmal an, eh du sie abschickst, gestand die Mutter, ihn mehr als einmal angefleht zu haben. Er schrieb im Schutz von Nacht und Chantré als dem unanfechtbaren Fluidum der Inspiration. Während der Reise hielt er sich zurück, mied Wein wie Brandwein ... In Salzburg der Abschied dann – am Peterskeller, wo sie, wie erst beschlossen zur Erinnerung ans Wiedersehn vor neun Tagen, jetzt doch nicht einkehrn, weils mit der Weiterfahrt dem Vater pressiert –, bietet der Straßenphotograph sich an, die Herrn Eltern und junges Paar, die schöne Familieneinträchtigkeit auf eingeschobner Platte festzuhalten. Der Vater zahlt, das Photo kommt nie an, aber P. sieht die beiden, Mutter und Vater dastehn wie für alle Zeiten in S..., Salzburg das es nicht geben kann. Tagsdrauf sind Ulla und er schon in Venedig am Canal grande. Ein Traum? Venedig, Beherrscherin der Meere: Bezwingerin Konstantinopels – hoch über den Köpfen die nach dem Raub-, dem Rachekreuzzug des blinden Dogen S. Marco aufgepflanzte Quadriga stürmt, begleitet von generalprobereif aus einem der Seitenkanäle geschmettertem O sole mio, ihnen zur Begrüßung entgegen. – Quadriga? Kein Rosselenker ragt auf hinterm Vierergespann, Schmelztiegelbeute am Goldenen Horn A. Domini 1204, verschüttgegangen in der einst schönsten Stadt der Welt, mit deren aus Zerstörung und Massaker geangelten Resten Venezia sich schmückt, morbide prunkt. Wo könnte einer sich einnisten um zu entdecken, was so schnell nicht zu sehn: unter Pracht und Verfall das höchstgepriesene Mehralsdas? Zeitgreifen, meerhingeflügelter Säulenlöwenblick – zugreifen lassen, was aus dem Dunkel tritt in unteren Zeitlagen, den Goldgrund Byzanz ... Die Reise geht, der Spur von P.s erster Italienreise vor sechs Jahren folgend, über Bologna nach Ravenna. Was läßt ihn wiederkommen –. Der von damals, inzwischen unerträglich sepulkrale, alles andre verdrängende, abzustoßende Ostgotenblick vielleicht, um etwas nachzuholen, was beiseite blieb? Von Stamm zu Stamm ein Raunen sich erhebt / Im Pinienhaine bei Ravennas Küste / Wenn losgebunden sich der Südwind regt ... Hier träumte Dante den lebendigen Gottesgarten, in byzantinisch westliche Zeitabgeschiedenheit verbannt. Zeitpuzzle – Fremdeffekt der Mosaiken in S. Vitale, S. Apollinare in Classe, im Grabmal der Galla Placidia. Flüchtigkeit der Ziele –. Den

Blicken nach, Augenblicken an Bildern von einst und damals –, wie am Gartengottesbild im Apsisgewölbe von S. Apollinare in Classe der unterm Kreuz ihres Hirten aufeinanderzugereihten Herde folgend ... Die Adriafährte bricht am Ellenbogen Ancona sich, den P.s Anhalterblick nur gestreift hatte aus dem Führerhaus seines tiefer südwärts peilenden Fernlasters damals. Umsteigehalt Falconara, Ancona zufüßen, dem der Abend gehört für Pulcinellas Freilichtauftritt: Teatrino Ancona, Orientkontorklamauk und andre Possen im Programm. Gierschlung Pulcinella –. Wie das Hähnchen die Ellbogen ausfährt, die Daumen einstemmt, meint blinzelnd unverschämt zusammen mit sich wohl das ganze Ancona seit Olims Zeiten!? Das läßt voraus an ganz andres denken: an des Poverello, des heiligen Minderbruders Franz zweimalige Ausfahrt ins Morgenland. Heilsgeschichte versus Weltgeschichte, himmliches weltlichem Erbe entgegengehalten – als sähn sie ihn hafenher die Saumpfade heraufkommen, der das Kreuz nahm, den Kreuzes-, Bekennertod gesucht, aus kreuzfahrerentheiligt Heiligem Land geschlagen heimgekehrt ist. Franz von Assisi –, sein Assisi, wenn ein Hauptziel auf ihrer Reise, dann dies ... Laut Reiseführer sollte den Weg man zufuß zurücklegen vom Bahnhof her stadtaufwärts des einmaligen Blickes wegen, um welchen aber unwiderstehlich der Zubringerdienst Albergo Sole sie zu bringen weiß. Von gegenüber den Monte Subasio hinab mit der Stadt zufüßen erst wird er sich ihnen geben tagsdrauf im nicht enden wollenden, umbrasanftfallenden Abenddämmer. Seit mehr denn siebenhundert Jahren wandelt die Glorie des Poverello als Widerschein an den Hängen, ihren Konturen, dem Maßwerk der Dinge, der wieder und wieder gepriesenen Geschöpfe des Herrn am Weg mit hinab. Hinter ihnen der Berg birgt, woher sie aufgestiegen, im Gemäuer der Einsiedelei das nackte Holz, die Schlummerrolle des Heiligen – bilderschluckende einzige Ikone, die überdauert . Es kann nicht sein, sinniert P. am letzten Tag, tagsdrauf in S. Damiano, wo alles begann 1206 mit dem heischenden Vade Francisce et repara domus meam ..., nicht sein: dieser Ausgang am Weg des Mannes mit Namen

25

Stiller, der, heimgekehrt, Stiller nicht sein will, beglaubigt aber, gefeierte Romanfigur, sich verdammt sieht dazu, obgleich im Gewahrsam nicht nur faktisch bekennend: Spazieren im Gefängnishof, dessen Geviert an Kreuzgänge alter Klöster erinnert. Wer hätte nicht zuweilen den Wunsch, Mönch zu werden! Darüber hinaus den Wunsch sich realiter auch erfüllt – und nicht, wie vom Autor ihm zugedacht, für beliebiges Irgendwo in Serbien oder Peru, sondern hier am Quellort des Sonnengesangs. – Gelobet seist Du, Herr / Mit allen Wesen, die Du geschaffen / Der edlen Herrin vor allem, Schwester Sonne / Die uns den Tag herauführt, und Licht / Mit ihren Strahlen, die Schöne, spendet / Gar prächtig in mächtigem Glanze / Dein Gleichnis ist sie, Erhabener. Bestätigt oder nicht? Offen bleibt, was P. meint aufgedeckt zu haben im Gespräch mit dem Schweizer Minderbruder unterm mittagsschläfernden Gegurr der weißen Taube im Kreuzgang: Stiller ist nicht Mr. White aus den Staaten, doch auch zur verlassnen Zürcher Identität nicht heimgekehrt, durch sie nur durchgereist in die des Fra Antonio von S. Damiano auf der Fährte seiner Flucht. – Sieh, darum ist es so schwer, sich selbst zu wählen, weil in dieser Wahl die absolute Isolation mit der tiefsten Kontinuität identisch ist, weil durch sie jede Möglichkeit, etwas anderes zu werden, vielmehr sich in etwas anderes umzudichten, unbedingt ausgeschlossen wird. Victor Eremita alias Kierkegaard, Entweder – Oder, Kopenhagen im Februar 1843. Wenn hinter dem Namen Fra Antonio sich der Name Anatol Stiller verbarg, so war das Lächeln des Mönchs, mit dem dieser P.s Frage, ob ihm Max Frischs Roman bekannt sei, als Zeichen reiner Dankbarkeit zu deuten, daß der Landsmann zu handfestem Mimikry ihm verholfen, dem weiter nicht aufgeholfen werden mußte ... P.s und Ullas Reise von Wien über Salzburg Venedig Ravenna Ancona Assisi und Florenz zuletzt, sieben so verschiedene Quartiere; ihre verspätete Hochzeitsreise, wie sie den Eltern – halb aus Jux halb im Ernst – meinten erklären zu müssen, wurde, so schiens ihnen nachträglich –, ausgeläutet ohrenbetäubend schwindelerregend herab von Giottos Campanile in Florenz. Der

Nachhall wie auch immer zu nehmen, etwas, ein Namenloses das sie begleitet, abgeblieben unterwegs – abgeschieden wann – höchste Erwartung solang: TRAUMGESPENSTER Wir schleppen den Schiffen die Segel nach / Strömende Einfahrt Trauernde Ausfahrt schluckt unsre Erstgeburt. So ins Bild gebracht, was nicht haftet, zum Vorschein gebracht gleichenwegs sich verabschiedet – wortlos entbildertes Bild in der Bildersuite dieser ihrer Hochzeitsreise ... Sie waren allein im Abteil, erregten kein Aufsehn, das über P.s Meldung an den Schaffner, dem die Weitergabe an die Bahnhofsmission oblag, hinausgegangen wäre. Glücksfall, daß nur wenig vor einem Halt, der Station Augsburg, die Frucht abging, das Fruchtwasser sich ins Polster ergoß –. Ehe Ulla, vom Zweiergeleit der unter gestärkter Haubentakelage segelnden Nonnen durchs dämmrige Korridordunkel transportiert, linkerhand hinter einer der Aufzugstüren verschwand, blieb P. nichts als danebenher zu trotten, den Blick über das im Drahtkorb zu Ullas Füßen abgelegt unbefragbare Bündel gehängt. Endloser Augenblick, eingeschwärzt leergeräumt –. Und Tage zum Warten wie an Schranke und Schlagbaum, Warten auf Besuchszeit und endliche Entlassung aus der Klinik. Am Lechufer mit Felix Hartlaubs Niederschriften *Im Sperrkreis*: Die Zeit hier, das ist eine Sache für sich, mit gewöhnlicher Zeit hat das nichts zu tun, schon eher mit Ewigkeit. Zum Geplausch mit der Bahnhofsmissionsschwester, durch deren Hände Ulla gegangen, Erinnerungen an die Umtriebe eines Bazis, des Pennälers Bertholt Brecht in der Fuggerstadt ... Nicht daß P. sich ausgeliefert vorkam. Das Wohlfahrtsamt trat für die Kosten ihres Aufenthalts ein. Die Jugendherberge machte um 22 Uhr dicht, aber länger herumgetrieben hätte er sich ohnehin nicht. Der Bruder mit seiner Flamme kam am vorletzten Kliniktag aus dem Hessischen herüber, auf der Lambretta unterwegs zum Kirchentag in München. Sie besichtigten zudritt den Dom, saßen nach dem Klinikbesuch im Fuggerkeller, durchstreiften tagsdrauf zum Abschied die Fuggerei. Am siebten Tag war Ullas Wöchnerinzeit im Saal der weisen Frauen, mit deren Mondrauten- und Rettichgeschichten zur

Abtreibung eine wie sie schwerlich klarkommen konnte, durchstanden. Sie wurden vom Schwager abgeholt, nach Nürnberg zur Schwester, fuhrn zu den Eltern nach Böhne – auch dorthin, wie angekündigt, für nicht viel mehr als zwei Tage ... Nein, kein Grund für ihn, sage ich mir, kein explorabler für endgültige Abkehr vom Land mit Kennzeichen D. Bei Windstärke 8 auf S/S Ariadne, in See gestochen am Kopenhagener Finnlandkai Ende August, konnte er sich des Fadens, des Vade mecum im Labyrinth der hinter ihnen liegenden Reise, als liefe der Faden ihm durch die Hand, klammheimlich vergewissern. Daß den Eltern mit der Fehlgeburt ein Teil der Sorge um die Zukunft ihrer Finnländer genommen ist, hat Ulla unverkennbar deutlich herausgehört. Umso lieber dürfen sie an Zukunftsblicken, so unerheblich die ihnen zumeist auch erscheinen mögen, teilnehmen. Göttingen, München und Salzburg haben für Übersetzungen und Eigenes Honorare eingebracht, mit welchen Böhner Auslagen beglichen, zurückgegeben werden können. Der Faden gleitet der vom Schiffsrumpf gerissenen, am Heck vernarbenden Rinne lang. – Aber fragt die Möwen! könnt er, wäre in Schrift er festzuhalten, ausfransend ausgeflockt auf gebuckelter Fläche, sinnend wortlos befragt, antworten auf Ullas und P.s Unterwegs unterwegs unterwegs, ist das alles? Wie bei P.s Landung vor einem Jahr Ende Juni stand GM, Ullas deutscher Onkel, zum finnischen Willkommen: Tervetuloa Suomeen! am Olympiakai.

Bis das Meer sich beruhigt hat, auf dem er noch schwankt die folgenden Tage – ausrollender Satz ohne Gangway, anlandend sicheren Steg – und in Nordhagen, im alten Kiez, die neue Klause beziehbar ist, weichen sie fürs erste wieder aufs Land, an den Kymi aus. Unterwegs nach Böhne hatte er, um Josef G., den Mentor seiner ersten Finnlandreise wiederzusehn, einen Abstecher nach Bayreuth gemacht, war in den Dichterkreis am Rande des Internationalen JugendFestspieltreffens dort geraten und zur Vermittlung finnischer Beteiligung an beidem in die Pflicht genommen worden. Entsprechend führte der erste Weg nach der Landung auf den Parnaß zum Einholen eines Auftrags in der Richtung ... Ausgerechnet Bayreuth, müßt ich schon sagen. Aber woraufhin immer er das entrückte Ufer weiterhin ansteuert, Ziel ist, das Drüben nicht schwinden zu lassen. Wenn auch darum sich zu sorgen nicht nottut. Die Sommer, für die sich nichts andres ergibt als sie selbst, weisen den Zugereisten noch jedes Jahr von allein in sein Drüben zurück. Wie und wo fußfassen an der nördlichen Kante, die umtriebig bleibende Frage. Frag und frag nicht, was sein kann, Treppenterrier mit Mustersammlung in Deutsch –. Demnach klappt, wird wie bisher zu kommendem Mittsomrner hin klappen Alterprobtes mit kaum einschneidend Neuem im Programm ... Er ist sich des Schritts den er getan hat sicher, des von ihr, von Ulla begleiteten. Sie steigt in den Beruf ein, den er, didaktischer Einübung wie pädagogischer Einweihung abspenstig, sich entzogen hat. Absehbar vorgezeichnet der eine, uneinsehbares Rätsel der andre, ihr und sein Weg nebeneinanderhin. Bei ihr wird sichs auszahlen, bei ihm in Daherrede den Umständen nach – vielleicht ... Eine Einzimmerwohnung mit Küchennische Flur und Bad ihre neue Unterkunft, ein Wohnsilo weiter auf schwanker Höhe im letzten Stock. – Bei ernst zu nehmenden Böen zum Schwummrigwerden, bestätigt ihr derzeit häufiger Gast Jörg Vormberg, der auf Werk- und Produktionshallen spezialisierte Photograph, dem ihre Wohnungsteilung mit beidseitig bücherbepacktem, zu P.s Schülerschreibtischecke links, Ullas Sekretärecke rechts offenem Regal gekonnte Aufnahmen bringt. Vormberg will, wies P. scheinen will, unter deutschen Zugewanderten etwas in Bewegung setzen, die ansprechbaren ihres Alters zur Gründung einer Kleinbühne aktivieren. P.s einziger Beitrag ein Plakatentwurf, dadaistisch zu lesen haarsträubende Zimmerflucht, Projektion eines Fenstersturzes mit Kerzentrümmern, Stearinstaub, zusammengekehrt und umgegossen: Zum SanktNikolaus- und Finnischem Unabhängigkeitstag heimzuleuchten allen WirWirtschaftswunderkindern der 50er. – Zu privat, zu intim, bestätigt Vormberg. Aber baut auf ernsterzunehmende Einfälle, die P. sich gefälligst zutraun möge. Ein schauspielerisch attraktives Temperament, Tamara aus der Akademischen Buchhandlung, sei für die Sache bereits so gut wie gewonnen. Zur Zeit für länger verreist allerdings, so daß bevor man sich allround treffe, erst ihre Rückkehr abzuwarten sei –, die sich verschob, bis ins neue Jahrzehnt. Was nicht war, konnte noch werden, aber die Muse sperrte sich, kam bald auch nicht mehr zur Sprache, mit einem Eigentlichschade allenfalls. Das Gros der Zugewanderten wanderte zurück, Jörg Vormberg unter ihnen ... Zwischen den Jahren / Tag an der Stelle des Abends / Weißer Lichtstumpf entzündet unter dem Schnee –. So da sitzen, fürs alte Zuhause aufs Soll und Haben den Vers sich machen. – Nur keine Sorge, keine Sorgen um uns! Sie sollen nicht denken, besonders der Vater nicht, es sei wacklig alles, alles deute darauf. Als müßte P. weiter sich beweisen. Wie es ihm vorkommt, renomiert der Vater mit den Gedichten des Sohnes, nötigt seine Dorfschüler zum Einfühlen in zweifellos auch für ihn selber befremdliches Druckerzeugnis. Geht mit fühlt mit. Und der Sohn solls wissen. Auch war von Anfang an ja, wenn zu anderer Zeit auch noch anders, immer der Dichter gemeint. Jetzt zeigt sich ein Weg für ihn, aber sie bangen –. P. liefert ihnen getreulich Bericht, in gleichbleibend schwankender Lage beherzter Stratege. Ja, und was sollt sonst noch sein außer dem Spiel der Möglichkeiten im mal so geschlagenen und was weiß einer, später auch mal zu größrem Zirkelschlag treibenden Kreis. Das Bild muß nicht stimmen, flügger Stein nicht immer zu stillem Wasser passen ... Sich über die Schulter blicken zu lassen, ist nicht vorgesehn im Sohnesbericht. Wie die Vergangenheit des Vaters ohnehin, bleibt die eigne im Nachdenken darüber entsprechend bedeckt, und so der Blick aufs Vertrackte im Tageslauf. Er wird sich einiges sagen lassen müssen später, von Ulla und anderen – wohlmeinenden Unglückshähern. – Was alles beschwörst du herauf, so konnte lange voraus er sich selber fragen, wenn auch zu anderem Vorzeichen schilpender Vogel.

Stundenlehrer an Uni, Sozialhochschule und Volkshochschule mit parallellaufenden Privatstunden, Übertragungen finnischer Lyrik für Zeitschriften und Funk, Übersetzungsaufträgen der Finnischen Literaturgesellschaft, ebensolchen anderer Institutionen ähnlicher Couleur sowie ihrer Vertreter – der Aktionsradius des, wie zu hören nicht unbedingt stubenreinen Treppenterriers. Freund Ferodoro Nikolowski weiß über bedenklich Stimmmendes im Blick auf den Zugelaufenen zu berichten aus dem Dozentencafé der Universität. Nikolowski, die Ausnahme mit abweichender Geruchspalette im Kollegenensemble, der absticht gegen ..., wie sagt man in Klagenfurt oder Wien, woher er kommt, wenn es ums Unkakanische, sprich Preußische, geht –, der für Austria und Austrias Literatur bestallte Lektor am Institut, hat sich P.s angenommen. Ein irgendwann nachfolgender, kakanischem Charakterbild eher noch entsprechender Vertreter Österreichs könnte an P., sollte P. noch greifbar sein, ohne weiteres den Piefke aufschnuppern: Graz beriecht Tilsit und kanns nicht riechen. Bei Freund Nikolowski ist Piefke P. vor sowas sicher. Er wars, der ihm zu der Vertretung am Salzburger Feriensprachkurs verholfen hat. Ebenso soll P. ihn zur kommenden Semesterferienlücke an der Sommeruniversität Kuopio vertreten. Andere Kollegen beweisen die Effektivität gegenläufiger Strategie während des Semesters, lassen den Terrier einfach nicht aufkommen, gewieft im Anwerben ihrer Schüler ... Was berichtet GM, dessen Sohn sich bei den Germanisten eingeschrieben, die eine und andre Wahl bereits getroffen, zur Probe auch vor P. im Hörsaal gesessen, infolgedessen zur Rede gestellt, Dr. Stieler, dem amtsenthobenen Pater jesuitischer Observanz hat beichten müssen, weshalb er gefehlt habe in dessen Stunde letzte Woche? – Wirds wohl lassen das Ganze, und nicht allein wegen dieses Schnüffelerlebnisses, auch wegen sonstigen Unbehagens am Lehrbetrieb dort. – Hätte er mich gefragt, hört P. sich antworten und stocken, weils so nicht stimmt, aber wer sollte dergleichen Voraussicht aufbringen, daß Hörsaaltüren sich auf- und zutun wie von Geisterhand, Hörer mitsichziehend im Sog –. Bei solcher Drift sah P. nach drei Semestern schließlich auch sich selber abgetrieben. Der Ordinarius, Neugrammatiker Emil Ö., treidelt nicht. – Nicht seine Art, sich gegen den Strom zu stemmen, wie man seit ewig weiß. Er hat sich überzeugt und überzeugen lassen. Wovon? Wen sollte man fragen, der Genaues weiß? P. bei ihm mit Vorzugsschülerin Ulla zu Gast am Hintertöler Fichtenweg, oder wie kommt man mit von Klubsessel zu Klubsessel angebotener Havanna zurecht –, Beginn erhoffter Karriere. Ein Lungenzug, um wenig später sich grün zu verfärben. Von gleicher Farbe das Deutsch des Kandidaten, wissenschaftlich grün hinter den Ohren, wie die in Auftrag gegebene Übersetzung schließlich verrät. Zu eigenmächtig sei der Text, zumindest das. Einen weiteren Auftrag zu erhalten, hätte mehr als Einsicht, regelrecht Nachhilfestunden bei weiland Studienrat Stremmer, dem militär-didaktisch eingefuchsten Wildunger Deutschpauker verlangt. P. ließ sich etwas zuschulden kommen, und das nicht allein syntaktisch oder grammatikalisch, als ginge ihm ein grundsätzlich vorauszusetzendes Verständnis ab ... Zur Aufgabe gestellt auf Bewährung Deutschunterricht für Ausländer, Phonetik Grammatik Konversation, anzuschlagen am Schwarzen Brett, das nicht zuläßt die Mitteilung: Hab mirs anders überlegt, einfallen lassen, die Aufgabe zum Angebot von Literatur, zur Einführung in literarische Texte umzufunktionieren. – Löblich, sagt Nikolowski, und: Versuchen Sies halt! Mit Eichendorffs Poesie und Prosa wars zu veranstalten, auch mit Hebels *Schatzkästlein*, mit

Brechts *Kalendergeschichten* aber bereits zu weit getrieben, wegen zusätzlichen Verdachts linker Unterwanderung. Bert Brechts Geschichten fallen aus dem Kalender, kommen provokant um Jahre zu früh. P. orientiert sich glücklos in falscher Richtung, in kaltem Luftzug an Stimmen, die längst nicht gefragt, kaum hier vermißt werden – an Favoriten, an deren Versen, die er ins Deutsche gebracht. Der unbelehrbar scheinende Übersetzer schiebt, als bemerke ers nicht, den korrekten Unilehrer beiseite. Vorlaut wagt ers, ein erstes und letztes Mal, im Dozentencafé beiläufig daran zu erinnern, daß die in der Studentenpresse gewichtig zu Wort drängende neue Generation unter den Germanistikstudenten offenbar keine Protagonisten hat, was von höchster Warte unwiderleglich karg mit halbgeflügeltem Wort sich quittieren läßt: – Naseweise Journalisten! Damit konnte, vogelleicht erkennbar, nur einer, der unter P.s Favoriten derzeit an erster Stelle rangierende, in den Bayreuther Dichterkreis geladene, hinter dem Pseudonym nenä, zu deutsch Nase, sich versteckende Kolumnist Pentti Saarikoski gemeint sein, dessen Einladung P. unbedacht hatte die Runde machen lassen.

Das Zusammenspiel zwischen Ulla und P. im finnisch-deutschen Transfer beschränkt sich nicht, dem ersten Einstieg nach –, auf favorisierte Lyrik. Wie denn auch –. Sich auf Verhältnisse einigen, die es erst geben soll? Auf eine Art Agentur in der Richtung, ökonomisch gedacht –, so fängt auf die Leimrute man ortsfremde / weltfremde Vögel. P. steuert keinen Kurs, überläßt sich nur Vorstellungen, die stimmen könnten. – Damits genau wird immer, und alles perfekt? fragt Ulla gelegentlich. Bei Versen, gebilligt, aber bei Spukgeschichten jetzt, oder Dr. Webermanns Untersuchung über den baltischen Getreidehandel –? Dr. Webermann vom Göttinger Seminar hatte um einen letzten Schliff an seiner estnisch entworfenen, deutsch präsentierten Arbeit gebeten und Zeit zugestanden, vertrauend auf den Ertrag bewährter Langsamkeit. Die Folkloristen S. und K. der Finnischen Literaturgesellschaft dagegen winkten belletristische Schneckenpost zuletzt ab und übertrugen den Übersetzungsauftrag auf Ulla, der P. als stilisierender Kotranslator assistieren durfte – passend zum Titel des schönsten Stücks der Sammlung: Der Mond scheint hell, der Tote fährt schnell ... Ulla war vielseitig in Trab. Wie die Zeit zum Sommer sich spannt, über kurz oder lang wird ihr zweites Vorbereitungshalbjahr am Gymnasium beendet sein. Die Weihe, das pädagogische Schlußexamen, ist für Kuopio Mitte Juli registriert. Eingesprengt von Februar bis Mai sind auf obligatorische Deutschkenntnisprüfungen vorbereitende, interdisziplinär angebotene Übungen in indirektem Auftrag ihres Herrn und Meisters Emil Ö. Mit von der Partie zwei ehemalige Kommilitonen, die P. seine am gemeinsamen Institut gleichbleibend abschüssige Lage umso schneidender hätten vor Augen bringen können, je ernster er der Tagtraumempfehlung des Chefs nachzuhängen bereit gewesen wäre, sich eine Scheibe abzuschneiden von diesen beiden ... Kuopio war eine Erinnerung an Weihnachten vor acht Jahren in der Garnison der Stadt mit der Offizierstochter Inkeri, die dann doch keine Eroberung gewesen war. Beim Kasino am Strand der VäinöläPromenade meinte von fern er sie wiedererkannt zu haben. Die zwei Blagen neben ihr konnten nur ihre eigenen sein. Nicht ganz so, aber ähnlich hätte es damals ausgehn können: er, P. der Offizierssohn, Schwiegersohn des Waffenbruders an der karelischen Front vor Leningrad. Phantasierte Versuchung, die ein weiteres Mal gesuchtes Dasein von festem auf schwankenden Grund – von luftgem Plateau in schluckendes Moosbruch versetzt. Die Fensterfront ihres Quartiers öffnet den Blick auf Holzstapellager und Sägemehlhalde am Zugang zur Landzunge. Viermal pro Stunde planiert die Sägemehlraupe die Halde am Weg, notiert P. Es ist Juni Juli, hält er fest und: Auch nachts zwischen zwölf und eins narrt der Kuckuck in dieser Gegend ... Für Oktober hat der Münchener Verlag Carl Hanser ihm den Gedichtband versprochen, an dem P. jetzt Korrektur liest. *Ohne Geleit* der Titel – was maßt er sich an, aber bleibt, obzwar mit sich nicht so eins, dabei. Während auf mittsommerlicher VäinöläFestwiese die volksdemokratische Jugend sich zur finnisch-sowjetischen Freundschaft bekennt und die Zeugen Jehovas mit Daniels Prophetenstimme den dritten Weltkrieg heraufbeschwören, übt P. sich im Durchhalteatem seiner gesammelten Schattensprüche. Kuopio hätte seinen Vorstellungen entsprechen können, falls es als Fluchtetappe auszudenken gewesen wäre … Die letzte Juliwoche, verbracht in Ferodoro Nikolowskis, von ihm als Ausweichquartier angebotener Wohnung im Zentrum Helsinkis, ging mit Reisevorbereitungen in südlicher wie nördlicher Richtung und Mietverhandlungen zum geplanten späteren Umzug im Nordhagener Kiez hin – illuminiert vom nachtlang die Metropole aus dem Schlaf reißenden Intermezzo eines in endlos zuckendem Blitzgeäder, pausenlosem Kanonadedonner sich ergehenden Endzeitgewitters. – Der Sommer soll nicht so ausgehn wie der Sommer vom Vorjahr, sagen sie sich. So fährt Ulla nicht mit nach D-land, das auch keine Adresse sein kann fürs Neuerwartete.

Der Flug – ein allerletztes Mal mit Studentenermäßigung nach Kopenhagen, Wartezeit zwischen Tivoli und Abstieg zu den Bahngleisen: – Ullachen … es ist Niemandsland wo ich sitz, aber denkend an meiner Landsleute Überfall vor zwanzig Jahren vermeid ich es, hier deutsch zu sprechen … Dann sitzt P. auf der Fähre von Rødby nach Puttgarden bei ruhiger See den Belt querend in Richtung Erinnerung an die entgegengesetzte Beltannäherung vor fünfzehn Jahren unter britischen Tieffliegersalven statt der Rangiergeräusche bei Ablegen und Landung jetzt. Ulla ist unterwegs an den Kymi, lebt auf die Geburt des für September Erwarteten hin. Die Eltern in Böhne wissen Bescheid, beglückt voraus, diesmal. Kann einer fürs Wiedersehn, kann P. was Bessres sich wünschen? – Unser drittes Enkelchen! Die beiden Krabben der Schwester werden in Böhne sein und den Vater durch Sand-zum-Spielen-vom-Sengelsberg-Herbeikarren oder andern hausväterlichen Dienst beschäftigt sein lassen, daß drüber hinaus nicht allzu viel Zeit ist – oder bleibt. Zu was denn aber auch … Die Mutter findet Zeit für den Sohn. Unvorhergesehen, doch erzwungen beinah, Zeit auf Spaziergängen an Bach- und Wald-

rand, Zeit zum Gespräch über Deutschland. Das fügt sich ins
Aufleben von Vergangnem mit der schon etwas zurückliegenden, der Frühjahrsmeldung aus dem Vertriebenenministerium. Minister Theodor Oberländer weicht dem Druck der,
in Vaters Worten –: abstrusen Anschuldigungen Ostberlins.
Er spreche nicht so gern darüber. – Oder zu viel ... du weißt
schon, besser wärs, man ginge dann schlafen, aber kann ihn
auch nicht so allein lassen in dem Zustand. Oberländer hätte
ihm helfen, zur größeren Aufgabe wiederverhelfen sollen,
ähnlich der damals an seiner Seite im BDO der dreißiger Jahre, dem nationalpolitisch aktiven Bund Deutscher Osten. Mit
dem nicht mehr zu verhindernden Bonner Sturz der erträumte Böhner Aufschwung: Passé! Wie ernst es ihm letztlich damit gewesen – kopflos flatternde Frage. – Und was damals in Polen war, weswegen Oberländer zum Massenmörder
von Lemberg abgestempelt worden sei in der Zone drüben,
wie die Zeitung schreibt – wieviel er und Oberländer also darüber gewußt und später bei ihrem Zusammentreffen in Krakau einander erzählt haben, möcht man schon wissen, wenn
er sich nur dran erinnerte. Er spricht Oberländer frei und hat
bestimmt recht, oder? Was ihn schweigen läßt, ist vielleicht
Angst, ich weiß nicht ... P. bleibt eine Woche der vier für seine Rundreise gedachten, nimmt sichtbar langen Abschied
von Böhne, um nichts zurückzulassen im Haus, was an die
Jahre darin, an Schul- und Unizeit noch hätte erinnern können. Wo an Zwetschgen- und Apfelbäumen ausgeästet, sich
jedes Jahr Reisig zum Verbrennen ansammelt, geht, was so
abgetan, sorgsam nachdenklich geschürt in Flammen auf. Der
Vater hilft, zur Anleitung daß reine weiße Asche zurückbleibt, eine Weile mit. Gibt Grüße mit auf die Reise, an Bekannte wie vorerst Unbekannte, hausväterlich verbunden allen die dem Sohn verbunden, wie er aus freien Stücken ganze
Korrespondenzen meint sich aufhalsen zu sollen für ihn, ob
ers ihm dankt oder nicht. Wie P. über Annäherungen und Erfolge Bericht erstattet, könnte den Kompaniechef verflossener Jahre an Meldegänge erinnern. Die Route ist abgesteckt:
steuert über Kopenhagen Otterndorf Hannover Göttingen

Böhne Marburg Kaufbeuren München Nürnberg Bayreuth
Böhne Göttingen Stockholm Turku ... Josef G., dessen Anstoß
er die Einladung nach Bayreuth verdankt – G wie Gunmor
oder Gugummer, den Decknamen für Josef Guggenmos, der
solche Spiele sich selber gestattet – ist, nach in die Kreuzund-
Quer bis hinauf an den Finnischen Meerbusen erprobten Mä-
andern der Nachkriegsjahre, in sein allgäuisch Angestammt-
es am Staffel des Klosterfleckens Irsee heimgekehrt. Am
Staffel 21 wäre für P. die Kirchenstraße 74, wie er, nach der
letzten Adresse vor dem Exodus 45 gefragt –, im Rundbrief
der Geburtsstadt Darkehmen nostalgisch eingeheizt simu-
liert, weil im großväterlichen Haus dort zur Welt obzwar,
jeglicher Erbansprüche unteilhaftig, nicht ins Magistratsregi-
ster gebracht. Vielleicht hat der Ahnenpaß, der, obgleich mit
hakenkreuzbewehrten Adlern gestempelt, nicht auf dem
Böhner Scheiterhaufen gelandet ist –, derzeit derlei An-
spruch auf mütterlichen Grund und Boden insgeheim mitge-
nährt. Aber das ist kein Thema, weder in Irsee noch in Bayreuth, wo P. und Josef G. sich nochmal treffen werden – kein
Thema wie auch die immerhin mögliche Heimkehr ins westliche Restdeutschland nicht ... In Bayreuth treffen sich Ost und
West. Vor drei Jahren war im mitteldeutschen Halle an der
Saale Josef G.s *Gugummer geht über den See* unter der Regie
von Martin Gregor-Dellin erschienen, der von drüben gekom-
men den Bayreuther Kreis mit Wellenringblick initiiert hat.

Wagnerianer und dazu Bayreuthpilger zu werden, war mir,
was bis heute anhält, nicht gegeben. Uns standen vom Fest-
spielhaus zugeschanzt Freikarten für die *Meistersinger* und
Parsifal zu. Den Parsifal stand P. nicht durch, wozu Martin
Gregor meinte, daß das schon schade sei, aber keine Schande.
So habe seinerzeit Igor Stravinskij, dessen *Geschichte vom
Soldaten* gerade an der Markgräflichen Oper auf dem
Programm war –, auffällig degoutiert mittendrin das Weite
gesucht, ob nun gleichfalls bei Wagners Lieblingsszene der
Blumenmädchen in Klingsors Zaubergarten oder schon frü-
her, sei seines Wissens nicht überliefert. Martin Gregors

Grund zum Bedauern der blinden Flucht aus dem Festspiel-
haus war später nachzugehn, durch Befragung anderer Parsi-
fal-Inszenierungen nach der von Wieland Wagner. Inszenie-
rungen, die durchzustehn P. sich auferlegt, wenn auch nicht
am Bühnenweihespielort Bayreuth. Eine zum Thema angele-
sene Zitatensammlung war anzudocken. – Aus Parsifal baue
ich mir meine Religion, soll der Wagnerianer Adolf Hitler
verkündet haben. Sein fatales Echo auf den Parsifal-Choraus-
klang Höchsten Heiles Wunder / Erlösung dem Erlöser! Erlösung wie vom Meister selber gedacht als Reinigung ... aller
alexandrinisch-judaisch-römisch despotischen Veranstal-
tung der modernen Welt durch ihre Vernichtung – Reinigung
vom auf Ahasver, dem Ewigen Juden unvordenklich lasten-
den Fluch: Der den Gekreuzigten einst verlachenden Kundry
Untergang. – Seine Verführungskraft steigt ins Ungeheure,
es qualmt um ihn von Weihrauch, schreibt Nietzsche in seinem Pamphlet *Der Fall Wagner* ... Wagner war für P. kein
Thema, und wenn, dann nur zugespielt, wie in der Antwort
auf Pentti Saarikoskis Reisebericht für die Literatur-Rund-
schau PARNASSO. Saarikoski kam einen Tag später an, ließ
sich als Finnischen Rimbaud feiern und kehrte, Wagners Grü-
nen Hügel und Festspielscheune vermeidend, ohne Abschied
vorzeitig nach vier Tagen in seinen Südhagener Kiez zurück.
Die Bayreuther Begegnungen – mit Hans Bender, Horst Bie-
nek, Martin Gregor-Dellin, Josef Guggenmos, Helmut Heißen-
büttel, Hans-Friedrich Kühnelt, Kuno Raeber und unerwähnt
bleibend anderen aus West und Ost – brachte er am eigenen
literarischen Gestade unter die Sammellinse eingeübt erwarteten Blicks: Während die Wissenschaft sich auf den Flug zum
Mond vorbereite, fiele den Dichtern nichts Besseres ein, als
einander anzuöden. Das fiel auf wen zurück? P. befragte sich
nicht danach. Sein Eindruck: Deutsche Vergangenheit und
die Folgen gingen am finnischen Freund vorbei ... Auf der
Herreise hatte P. in München seinen Verlag besucht, sich vor
Erscheinen seines Erstlings erneut versichern lassen, eine
Hoffnung, in der Reihe Junge Autoren eine eigene Stimme zu
sein, um ohne jederart heimliche Befürchtung sich als

Schriftsteller präsentieren zu können. Kritik blieb im Kreis der Dichter vor Ort nicht aus. Seinen Versen fehle die kühle Distanz, da hülfe auch nicht, wenn sie auf dem Kühlschrank niedergeschrieben würden, wie P. für einen Fall versichert hatte. Im Fall seines Golgathagedichts wurde seine Glaubensgewißheit angezweifelt, was in Saarikoskis Reisebericht einfließt. P. blieb einen Tag über das Dichtertreffen hinaus und zog aus dem Jean Paul-Stift zu Annemarie und Martin Gregor um. Fast wäre er vor Erschöpfung beim Morgenschwimmen ertrunken ... Auf der Rückreise liest er den *Prozeß*. Geschluckt vom saugenden Satz: Jemand mußte Josef K. verleumdet haben, denn ohne daß er etwas Böses getan hätte, wurde er eines Morgens verhaftet. Nach wie vor nahm Kafka im literarischen Universum die erste Stelle ein. Dem entsprachen, soweit zu Protokoll zu bringen, P.s Träume. Worauf steuert er zu, ließ sich vielleicht fragen jetzt. Er sieht sich in ein Riesenplankton, einen Riesenkrebs und künstlichen Schwan verwandelt, ausgebracht auf öffentlichem Teich, in ein kanonenähnlich amphibisches Fahrzeug verfrachtet, sich selbst überlassen in der Richtung Ruhe verheißender Bucht –. Böhne war noch zu besuchen, die Eltern. Und Göttingen, die Freunde und der an moderner finnischer Lyrik interessierte Verlag dort. Im Zug weiter nach Stockholm zu Ilmar Laaban, dem vor sowjetischer Besatzung geflohenen, deutsch wie estnisch schreibenden surrealistischen Dichter, auf den P. neben der vor Terror und Vernichtung aus Hitlers Berlin nach Stockholm geflüchteten Nelly Sachs in Walter Höllerers Lyrikbuch der Jahrhundertmitte TRANSIT gestoßen war, das auch seine eigenen, erstveröffentlichten Verse in Georg Trakls Nachfolge enthielt. Er hätte, falls ein Weg sich aufgetan, vor allem auch Nelly Sachs aufsuchen wollen, aber sie war, wie Ilmar Laaban zu versichern wußte, unerreichbar, nach psychischem Zusammenbruch in klinischer Behandlung. Ilmar Laaban lebte, so schien es, in halbdunklen Zimmern – vermutlich, wie P. sich später erklären ließ, damals in einer seiner periodisch wiederkehrenden depressiven Phasen ... Die Schärengewässer auf der Überfahrt nach Finnland begleitet vom Ostwestkrisengespräch im Verein mit schwedischem Wirtschaftsboß und jungem finnischen Ingenieur in P.s Alter: – Wird Finnland sich in puncto Freihandelsunion von Moskau dreinreden lassen und draußen vor der Tür bleiben? Chruschtschow ante portas Helsinkiensis –! P. kehrte nachts zum 2. September, an dem im Bahnhof Helsinki der rote Teppich ausgerollt wurde, zu Ulla ins Nordhagener Domizil zurück. Den Anblick Chruschtschows, des im Willkommen zum Nutzen des Landes zu begöschenden Geburtstagsgasts des Präsidenten Urho Kekkonen, ließen sie sich nicht entgehn.

Ulla war mit Hilfe der Eltern ins neugemietete Quartier umgezogen. Ein als Küche zu nutzender Raum war dazugekommen, im Wohn- und Schlafraum auch Platz wieder für ihr Klavier. Das neue Leben ließ auf sich warten, aber hielt sich – vorausgesagt war der 7. September – im Tag-um-Tag-Verzug an die erlösend magische 3. Der Name Johanna, nach dem zweiten Namen der Großmutter und Mutter P.s, hatte im Voraus festgestanden. Das Kind belebte die Szene, brachte zusammen, schürte Erwartungen im verwandtschaftlichen Kreis. Warum er immer noch rauche, wollte die Schwiegermutter wissen, als P. zum Rauchen sich auf den Balkon zurückzog. Sie reiste ab, aber war, zusammen mit dem Schwiegervater, nach drei Tagen wieder da. P. notiert in seinen Kalender: Vor Schwiegereltern, Schwägern, Schwägerinnen und Schwiegereltern des Schwagers zu GM geflüchtet, um auf seiner Maschine für die Literaturgesellschaft Ullas weiterhin zu modelnde Übersetzungen der Fin.Spukgeschichten abzutippen ... Mit dem Bus zum Kampplatz, Umsteigen in die Tram oder weiter zufuß nach Kronhagen, Winkelstraße –: GM, oder später mit eingeschobenem kurzem e und anschließendem scharfem s plus gleichlautendem setä: Gemssetä (Onkel Gems), nachdem Hannchen sich aufgerichtet und ihr Liddeldiddel...gogogo...djochduch...lji...äidyvä...DADA hinter sich gelassen hatte – Angelpunkt seit eh und je. In letzter Zeit hat P. bei ihm sein kümmerliches Französisch aufzubessern begonnen. An Uni und Sozialhochschule blieb bei gestukten Versuchen sich zu rappeln eine Gnadenfrist von zwei Monaten – mit der Chance eines Aufstiegversuchs vom stornierten Stundenlehrer- zum Lektorstatus, einer akrobatischen Bewerbungskür im Frühjahr 61. – Der Gebrauch des Konjunktivs in der Oratio obliqua. Der Vortrag, die Probevorlesung zugeschnitten auf Studierende im ersten Semester, vor einer Dreierkommission frei auf die Minute genau in 20 Minuten zu halten. – Wir rufen Sie herein, wenn es so weit ist ... So, bitte! An die Stelle der Uni nach November / Dezember trat zwischen Januar und Mai eine Art Berlitzschule: L'école phonétique, die ihm sein erstes finnisches Bankkonto einrichtete, dessen Nummer als einzig handfeste Erinnerung an seine Hoffnungen auf festverankerte Sprachlehrertätigkeit überdauert ... Ullas interdisziplinäre Deutschkurse an der Uni, wie später an Schulen die Vertretungen mit Stundenlehreraufträgen halfen ebenso weiterhin über die Runden. Das Kind war in beider Pflege, P. ebenso zuständig für Füttern und Windelwäsche. Die Großfamilie fand sich zur Taufe wieder ein. Die Alte Pestfriedhofskirche war dafür ausersehn, der Eisregen ein ungutes Vorzeichen, das sich auch erfüllte. Das kirchliche Amt hatte vergessen und anders entschieden, wegen zeitgleicher Trauung Hannchens Taufe ins günstig naheliegende Büro umdirigiert, für P., dessen Glaube lang schon am seidnen kierkegaardschen Faden hing, eine zum Dezemberwetter passende frostige Handlung. Die ihren eigenen Schatten wirft, worauf –, unversehens sich kreuzend womit? Verhaltener Augenblick, gespeichert. Abrufbar und: – Denk jetzt nicht mehr daran, sagt Ulla. Jetzt damals und hier jetzt –, Augenblick worin ich mich sehe zu zweit, fremd zum andren, P., der mit etwas sich trägt, dem nicht beizukommen ... Es gab die deutsche Kolonie im Verbund der Dt.-evang. Gemeinde, Dt. Schule, Dt. Bibliothek Helsinki / Helsingfors. Er gehörte unzweifelhaft dazu, spätestens seit der Trauung 58, genauer seit den Monaten seines Arbeitsbeitrags zur Aufstellung des Bibliothekskatalogs 56. Mit dem Konfessionsbruch hatte es Zeit. Der Bibliothek blieb er ein Wegstück länger verbunden.

41

Wie anders auch wär im anempfohlenen Gefälle ein vom Fleck Kommen denkbar gewesen. Zeit der Vorbereitungen ... Das imaginierte Echo auf seinen Vortrag, wie es vor- und nachwirkt, hätte ihn sich sagen lassen können, so genau am gewählten Beispiel auch der Unterschied zwischen Konjunktiv I und II dargestellt sei, die Einübung des Probevortrags verschlüge selbst bei noch so zäh wiederholter Tonbandaufnahme nicht. Er fand sich zubösrlezt in einer Art Wüste wieder: in leerem Hörsaal von drei Prüfern bewacht, mit bald trockener Kehle ohne einen Tropfen Wasser. Ende April, Semesterende. Die Hörsäle entvölkert, Treppen und Korridore leer. Zu Pans Stunde 05 bis 25 die taubstumm abseitssitzenden Herren vor ihm zu Statuen erstarrt. Kramend im Vergangenen auf der Suche nach einem Urteil, schriftlich oder gar tête à tête, findet sich nichts zur Ablage. Aber als wär noch etwas draufzusetzen gewesen, bewirbt er sich – trotzend der Fama, sein Vortrag habe (Konjunktiv I) oder hätte (Konjunktiv II) unter dem allgemeinen Niveau gelegen – höher im Norden, in Oulu am Bottnischen Meerbusen, erneut um ein Unilektorat für Deutsch. Der Bescheid fiel, wie beinah erwartet, negativ aus. Ein anderer Ausgang hätte P. voraussichtlich in Verlegenheit gebracht. Der Gedanke nach Oulu zu gehn, war düster eingefärbt wie fürs fremde Ohr allein schon der Ortsname ... Verwundert gelegentlich, unterm Sternbild des Widerstreits eines Kastor und Pollux ins dreißigste Jahr und aller Voraussicht nach darüber hinaus es gebracht zu haben, gibt er dem Spiel der Gelegenheiten sich hin. Genau einen Monat nach seinem unrühmlichen Auftritt im Porthania-Hörsaal folgt sein Abschied von der École phonétique. Mit dem für das Sommerloch aus dem Vorrat Konkreter Poesie aufgefischten SaG'lück-Spruch der Ingrid von Oppenheim endet auf der Überfahrt nach Stockholm zu Beginn ihrer D-landreise P.s und Ullas Mitarbeit am *Neuen Konversationslexikon* – von ihr in der Schreibkabine der Fähre übersetzt seine letzten Artikel zur deutschen Literatur ... Um ihre und seine Zukunft befragt, gibt er zu verstehn, es sei als sehe er – Land Unland ... Land –.